SPEECH IS PLURALITY

Alain Bosquet

Translation by
Melvin B. Yoken
and
Juliet G. Lapointe

University Press of America™

Copyright © 1978 by

University Press of America, Inc.™

4710 Auth Place, S.E., Washington, D.C. 20023

ISBN: 0-8191-0626-7

Library of Congress Catalog Card Number: 78-61914

ACKNOWLEDGMENTS

We would like to take this occasion to express our sincere and profound gratitude to Alain Bosquet who has guided us in many ways throughout this important venture. His suggestions, ideas and encouragement have been invaluable.

To my husband Paul Lapointe
   and to my Children
Paul, Annette, Elaine, Robert, Pamela,
   Jane, Lucille and Marc

To my wife Cynthia Stein Yoken
To my son, Andrew Brett
and in memory of my beloved Father,
   Albert Benjamin Yoken

ABOUT THE TRANSLATORS

Juliet G. Lapointe is a teacher of French in the Fall River Public Schools. After raising her family of eight children, she completed her work for an A.A. at Bristol Community College in her native Fall River, Massachusetts. Subsequently, she acquired her B.A. at Southeastern Massachusetts University in North Dartmouth and earned an A.M. from Brown University in Providence, Rhode Island in 1977.

Melvin B. Yoken is an associate professor of French at Southeastern Massachusetts University in North Dartmouth, where he has taught since 1966. A native of Fall River, Massachusetts, Yoken received his bachelor's degree from the University of Massachusetts, his master's degree from Brown University, and earned his Ph.D. degree in 1972 under the Five College Cooperation Program conducted by Amherst College, Hampshire College, Mount Holyoke College, Smith College, and the University of Massachusetts. His special field of interest and study is French literature of the nineteenth and twentieth centuries. Professor Yoken is a frequent contributor to *Le Travailleur,* and has written book reviews for the New Bedford *Standard Times* and the Boston *Herald American.* His book, *Claude Tillier,* was published by Twayne in 1976 and included in their World Authors Series; in addition, he has published a number of articles, reviews, and poetic translations in journals.

PREFACE

What follows is a translation of Alain Bosquet's *Notes pour un pluriel* that we have entitled *Speech Is Plurality*. The varied, energetic and multiformed language of Bosquet, one of France's leading contemporary poets, is rendered into modern-textured English. The flow of verbal energy from one language to the other has been retained, not adorned or amplified. No translation, however, can mirror exactly the original throughout, but we as translators have endeavored to retain the idiom of the poet, just as if he were writing the verse in English.

Bosquet gives life, soul stirrings, and autonomy to stones, insects, flowers, animals and trees as well as to modern man, all for the promotion of solidarity. While searching for the meaning of life, he sees with a poetic vision the mystery imbued in common, everyday objects.

This is why, in this tome, the ordinary comet inquires, "Must I run into space/ or settle on your roof/ to lick my wounds?" The comet sounds out the heavens and the earth for its purpose, and demonstrates its relationship to the entire universe. Not only man, but the common roof, the massive-trunked plane tree, and the tiny pebble join in this quest for meaning and import.

The search is a painful struggle; the pebble strains to utter just one syllable, because nature vies to be uplifted. Man is reminded that he would do well to emulate the lake that maintains obedience despite its raging current.

Man's position has traditionally been superior. From Adam's time, he has been in charge of creation. Now, Bosquet requires that, instead of ordering nature, modern man must find the order in nature.

Despite his sporadic cynicism, Bosquet offers hope for mankind, i.e., unity with nature and perfection through solidarity. Truly, Bosquet is a poet of imagination and empathy, vision and vitality vis-à-vis nature and man. His poetry, crafted and cultured, requires deep reflection.

This bilingual format (first-half translated by J. Lapointe, second-half translated by M. Yoken), with the original French and English translation in close proximity, makes for easy comparison of the two languages, and will therefore be a great aid for English-speaking students of French, whether elementary or advanced.

J.G.L.
M.B.Y.

CONTENU

CONTENTS

SANG DE QUELLE MURAILLE?

Notre horizon est dans sa tombe.
Trop de pensées.
Trop de désirs comme ces libellules
qui n'osent pas choisir entre deux roses.
L'âme serait apesanteur,
et le corps un refus.
Nous changerons d'espèce.
Le dernier dieu
se fera taupe.

BLOOD OF WHAT BARRIER?

Our horizon is in its grave.
Too many thoughts,
Too many desires like these dragon-flies
that don't dare choose between two roses.
The soul would be weightlessness
and the body a denial.
We would change our species.
The last god
will make himself a mole.

L'AURORE SAIT QU'IL FAUT SE VENDRE.

Là-bas, des fleuves
songeraient à tuer.
L'étoile par contrat
s'engage à devenir étoile.
Les choses:
cravate, carafon,
miroir où court la coccinelle,
complotent contre nous.
La vérité s'éloigne
comme un vieil arbre sous la pluie.

THE DAWN KNOWS IT IS FOR SALE.

Over there, some rivers
would dream of killing.
The star by contract
binds itself to become a star.
Things:
tie, carafe,
mirror where the lady-bird hastens,
conspire against us.
Truth withdraws
like an old tree in the rain.

RÉINVENTONS L'APPAREIL HOMME

Une banque de coeurs.
Un entrepôt de crânes.
Un oeil qui court
de la nuque au poumon.
Six ventres,
dont trois pour digérer l'angoisse.
Un muscle transformant l'infini en cloporte.
Où va notre vertige?
Seuls quelques arbres
—et peut-être un caillou—
seront humains.

LET'S REINVENT THE APPARATUS MAN.

A bank of hearts.
a storehouse of skulls.
An eye that roves
from the nape to the lung.
Six stomachs,
of which three to digest anquish.
A muscle transforming the infinite into a sow-bug.
Where does our vertigo vanish?
Only a few trees
—and a pebble perhaps—
will be human.

LE SILEX DIT:

"C'est à mon tour d'être le sang."
Et la fleur sur la route:
"C'est à moi de courir jusqu'à l'aurore."
Et la rosée:
"Je garderai vos mots les plus agiles."
Et le cyclone:
"Rappelez-moi où dorment vos rivières."
On nous remplace
comme le feutre d'un billard percé de trous.
Le silex dit, plus exigeant:
"Moi seul je serai chair."

THE PEBBLE SAYS:

"It's my turn to be the blood."
And the flower on the wayside:
"It's my turn to run up to the dawn."
And the dew:
"I will keep your sleekest words."
And the typhoon:
"Remind me where your rivers sleep."
We are replaced
like the felt of a billiard-table pierced with holes.
The pebble says, more exactingly:
"I, all alone, will be flesh."

LE CYPRÈS, COMME UN DEUIL,

veille sur le proverbe.
L'érable éclate
à la façon d'un mot qui cherche un sens.
L'eucalyptus explique
la gloire de l'eucalyptus.
Meme chez l'arbre
on s'obstine à parler.
Seul le vieux chêne,
nous récusant, ignore tout langage.
Abattez-le, consonnes et voyelles.

THE CYPRES, LIES AWAKE

over the proverb, as in mourning.
The maple erupts
like a word in search of a meaning.
The eucalyptus explains
the glory of the eucalyptus.
Even among trees
one perseveres in talking.
Only the old oak,
challenging us, ignores all language.
Fell it, consonants and vowels.

LA CHAMBRE DES SOUPIRS.

Le chien qui ronge les vieux rêves.
Un mur en nous,
entre le coeur et l'autre coeur.
Tous ces objets
qui remplacèrent les enfants!
L'amour comme un réquisitoire.
La bougie allumée
par les paroles mortes.
Vue imprenable sur le doute.

THE CHAMBER OF SIGHS.

A dog that gnaws the old dreams.
A wall inside us,
between the heart and the other heart.
All these objects
that replaced the children!
Love like an indictment.
The candle lit
by dead words.
Impregnable view over doubt.

VOUS AVEZ DIT "JE T'AIME" AU VIDE-ORDURES,

"je vous salue" aux fruits tombés,
"bonjour" au sable assis sur vos mensonges.
Vous avez dit "remplacez-nous"
aux trottoirs malheureux,
à la fatigue végétale,
au verbe sans vertèbre.
Vous avez dépensé tout votre orgueil.
Retraités de la peur, mot à mot, geste à geste,
vous êtes devenus votre potence.

YOU HAVE SAID "I LOVE YOU"
TO THE GARBAGE-CHUTE,

"I salute you" to fallen fruit,
"good day" to the sand upon your lies.
You have said "replace us"
to the unhappy sidewalks,
to the vegetable fatigue,
to the speech without vertebrae.
You have spent all your pride.
Retreated from fear, word by word, deed by deed,
you have become your gallows.

LA VILLE TRAÎNE

ses habitants
comme des ananas décapités.
Depuis hier soir la capitale
se cache sous la capitale.
Le soleil paresseux ne se lèvera plus.
Le royaume un à un perd tous ses océans.
Défigurés, les dieux vont vivre
sur un navire en quarantaine.
Un ordre est né,
qui serait contre nous.

THE CITY DRAGS

its inhabitants
like beheaded pineapples.
Since last night the city
hides beneath the city.
The lazy sun will never rise again.
The kingdom loses all its oceans one by one.
Disfigured, the gods go to live
on a quarantined ship.
An order is born,
which would be against us.

MIROIR,

ô veuf de quel visage?
Poème qui soudain dévore son poète.
Nature divorcée de la nature.
Tous les bateaux confondent
étoile et capitaine.
Musicienne tuée par la musique.
L'espace ne serait que son rêve: la peau.
Nous avons inventé l'absence.

MIRROR,

oh widower of what face?
Poem that suddenly devours its poet.
Nature divorced by nature.
All the ships confuse
star and captain.
Musician killed by music.
Space would be but its dream: the skin.
We invented absence.

LE SAUGRENU OU LE SACRÉ?

Sur notre lune,
l'homme est un crustacé à reculons.
Nièces du sel.
Cousins du catalpa.
Dans le grand nord les nouveau-nés
crèvent les yeux des phoques.
Bible qui ne veut pas partir à l'aventure.
Peintres de l'âme déchirée.
Nous rédigeons un télégramme en douze langues
pour qu'il ne soit jamais compris.

THE SILLY OR THE SACRED?

On our moon,
man is a backwards crustacean.
Nieces of salt.
Cousins of catalpa.
In the great north the newborn
pull out the eyes of seals.
Bible that does not want to err at random.
Painters of torn souls.
We send a telegram in twelve languages
so it is never understood.

COMME ÉCORCE ET FEUILLAGE,

comme encre et mot,
comme presqu'île et mer,
comme amour et musique,
nous sommes un.
Comme arbre et feuille,
comme encre et verbe,
comme île et océan,
comme amour et peinture,
nous sommes innombrables.
Comme feuillage et feuille,
comme encre au fond de l'encre,
comme île sous les îles,
comme amour sans amour,
nous sommes nuls.

LIKE BARK AND FOLIAGE,

like ink and word,
like peninsula and sea,
like love and music,
we are one.
Like tree and leaf,
like ink and speech,
like island and ocean,
like love and painting,
we are numberless.
Like foliage and leaf,
like ink at the bottom of ink,
like island under the islands,
like love without love,
we are no one.

11

UN CHÊNE ALLAIT SE SOUVENIR.

Une colline faisait tant de songes.
Un fleuve aimait le crépuscule,
comme on n'a pas le droit d'aimer.
A sa flamme craintive
la bougie racontait son enfance.
Un lac avait de nombreux coeurs.
Simplement, dans la rue,
une affiche très verte
ne voulait pas mourir.
Plus sensibles que nous.

AN OAK WAS GOING TO REMEMBER.

A hill made so many dreams.
A river loved the dusk
as one has no right to love.
At her fearful flame
the candle was telling her childhood.
A lake had many hearts.
Simply, on the road,
a very green poster
did not want to die.
More sensitive than us.

SOUS LA FUMÉE, LE COEUR ÉMU.

Devant la vague, le poisson qui rit.
Sur la branche, l'azur battant de l'aile.
Un seul visage
pour déformer combien de vérités?
Dans le parc, la statue
comme un symbole de la pluie.
Le chapeau plein de sable,
pour dénoncer l'absurde.
Nous traduisons;
qui voudra nous traduire?

UNDER THE SMOKE, THE TENDER HEART.

Before the wave, the fish that laughs.
On the branch, the azure beating its wing.
A single face
to deform how many truths?
In the park, the statue
like a symbol of rain.
the hat full of sand
to denounce the absurd.
We translate;
who will want to translate us?

AU NOM DES NOSTALGIES

qui forment ce cristal.
Au nom des verbes massacrés
d'où sortent nos cigognes.
Au nom du vieux mystère
qui unit la montagne
aux cétacés du crépuscule.
Au nom du goût pour le dégoût
veillant au fond de l'innocence.
Au nom de notre infirmité
qui se dit notre gloire.

IN THE NAME OF THE YEARNINGS

that form this quartz.
In the name of the butchered speeches
from where our storks have come.
In the name of the old mystery
that unites the mountain
to the cetaceans of twilight.
In the name of the taste for distaste
lying awake at the root of innocence.
In the name of our infirmity
which is called our glory.

VOUS, FRÈRES INHUMAINS.

Toi, pour toi le vautour.
Eux, pour eux les ténèbres
et le sang qui refuse de couler
dans les veines raidies.
Ô solidaires, solitaires.
Toi, le caillou au coeur qui bat.
Eux, l'origine,
et l'aurore, et la source pareille à la chèvre.
Toi, la chauve-souris
devenue tournesol.
Eux, la musique, et le miracle,
et la mer allumée par ses mille méduses.
Vous, frères surhumains.

YOU, INHUMAN BROTHERS.

You, for you alone the vulture.
They, for them the gloom
and the blood that refuses to flow
in the stiffened veins.
Oh solidary, solitary.
You, the pebble in the beating heart.
They, the origin,
and the dawn, and the source like the goat.
You, the bat
become sunflower.
They, the music, and the miracle,
and the sea lighted by its thousand jellyfish.
You, superhuman brothers.

15

CE MARBRE OÙ DORT UNE CARESSE.

Cette fenêtre invitant la montagne,
la plage et la lune timide.
Ce cormoran qui laisse un oeil sur le rocher.
Là-bas ce fruit que réchauffe une épaule.
Ailleurs, comme un souffle venu
de quelque étoile clandestine.
Venez vous perdre
dans les soupirs du paysage.
Les objets comprendront.

THIS MARBLE WHERE A CARESS IS ASLEEP.

This window inviting the mountain,
the beach and the timid moon.
This cormorant leaving an eye on the rock.
Beyond this fruit is warmed by a shoulder.
Elsewhere, like a breeze
from some clandestine star.
Come to lose yourself
in the sighs of the landscape.
The objects will understand.

ENTRE NOS MAINS L'INSECTE MEURT

car c'était un proverbe déçu.
Devant nos yeux le platane se pend
car c'était un poème
qui refusait nos mots.
Il faut coudre nos bouches
et punir nos musiques.
Plus tard, nos frères:
le jonc, l'engoulevent,
le marbre, le velours,
nous choisiront
un langage tout neuf.

WITHIN OUR HANDS THE INSECT DIES

because it was a misled proverb.
Before our eyes the plane tree hangs itself
because it was a poem
that refused our words.
We have to stitch our mouths
and punish our music.
Later, our brothers:
the cane, the nighthawk,
the marble, the velvet,
will choose for us
a brand-new language.

SI PERMÉABLES,

que l'horizon passait par notre gorge.
Si glacés par la peur,
que nous portions des béquilles pour l'âme.
Si rétrécis,
que nous rampions sous une horloge
où rien ne marquait l'heure.
Si taciturnes,
que nous perdions l'usage
de nos mots les plus simples:
"amour", "lilas", "neige", "amitié".
Si seuls.

SO PERMEABLE,

that the horizon passed through our throat.
So frozen with fear,
that we carried crutches for our soul.
So shrunken,
that we groveled under a clock
where nothing marked time.
So silent,
that we lost the use
of our most simple words:
"love," "lilacs," "snow," "friendship."
So lonely.

ULTIMATUM AUX VIEUX OISEAUX:

C'est à nous de voler jusqu'aux étoiles pures.
Ordre aux grands arbres
de choisir leur suicide:
c'est à nous de fleurir par mille fleurs en sang.
Biochimie d'amour.
Règne du métal juste.
L'ordinateur Mozart
nous apprendra ce que doit être la musique.
L'ordinateur Vermeer
nous donnera nos leçons de peinture.
L'ordinateur Rimbaud
effacera tous nos poèmes.

ULTIMATUM TO AGED BIRDS:

it is our turn to fly to the pure stars.
Order to the great trees
to choose their suicide:
it's our turn to bloom through a thousand flowers in blood.
Biochemistry of love.
Reign of precise metal.
The computer Mozart
will teach us what music must be.
The computer Vermeer
will give us our painting lessons.
The computer Rimbaud
will erase all our poems.

19

PROVERBE À LA RETRAITE

parmi les tombes du savoir.
Tortue portant sa demi-tonne de souffrances.
Guitare qui refuse
le rire et le mépris.
Des exemples partout,
pareils à des pustules sur notre âme.
Il vaut mieux devenir
la préhistoire de nous-mêmes.

PROVERB IN RETIREMENT

among the tombs of knowledge.
Turtle carrying its half-ton of sufferings.
Guitar which refuses
laughter and scorn.
Examples everywhere,
like pimples on our soul.
We'd better become
the prehistory of ourselves.

ESPÈCE EXPULSÉE DE L'ESPÈCE.

Qui ose opter pour soi,
pour l'inconnu, pour la légende?
L'épidémie
s'appellerait métamorphose.
Bonjour, requin tigré:
tu deviendras l'arbre de chair
sur la montagne où coule un sang qui fut le nôtre.
Pour être nous,
voici que nous perdons le droit
de savoir qui nous sommes.

SPECIES EXPELLED FROM THE SPECIES.

Who dares to choose for himself,
for the unknown, for the legend?
The epidemic
would call itself metamorphosis.
Good day, tiger shark:
you will become the tree of flesh
on the mountain where our former blood now flows.
To be ourselves,
see how we lose the right
to know who we are.

NOTRE NUIT NE MÉRITERA PAS SES TÉNÈBRES.

Comme un bijou volé,
notre nom nous supprime.
Et notre rêve
ne voudra se peupler
ni de chevaux, ni de cascades,
ni de rois amoureux.
Le réel nous condamne à ramper
sous nos poèmes.
Nous, plus petits que nous.

OUR NIGHT WILL NOT DESERVE ITS DARKNESS.

Like a stolen jewel,
our name suppresses us.
And our dream
won't crowd itself
neither with horses, nor cascades,
nor amorous kings.
Reality condemns us to crawl
under our poems.
We, smaller than us.

VOUS, PLUS FURTIFS QU'UN MOT NE SACHANT DIRE

ni pinson ni crinière.
Vous, conjugués
au nuage, au remords, à l'oubli.
Vous, consonnes du vent.
Vous, diphtongues rompues
comme les fiançailles
de la neige et du feu.
Pourtant, c'est grâce à vous
que le sang du langage
devient plus chaud.

YOU, SLIER THAN A WORD NOT KNOWING HOW TO CALL

finch or mane.
You, fused
to clouds, to remorse, to oblivion.
You, consonants of the wind.
You, diphthongs broken
like the engagement
of snow and fire.
Still, it is thanks to you
that the blood of language
becomes warmer.

AU RESTAURANT DES VIES MANQUÉES,

l'amour met son vinaigre
sur tous vos songes.
Rappelez-vous ce parapluie
laissé comme en pourboire
à l'ami d'un seul jour.
Une pastèque
vous entretient de sa philosophie.
Vos mains, avec leurs horizons
plus tordus que crevettes.
Prenez une liqueur;
la rue, bien sûr, n'aura pas retrouvé
sa capitale.
Soyez gentils: raccompagnez votre détresse.

AT THE RESTAURANT OF MISSPENT LIVES,

love sprinkles vinegar
on all your dreams.
Remember that umbrella
left as a tip
for a one-day friend.
A watermelon
feeds you its thought.
Your hands, with their horizons,
more twisted than shrimps.
Take a drink;
the street, to be sure, will not have reached
its capital.
Be gentle: take home your anguish.

NOUS AURIONS DIT MERCI POUR LA NAISSANCE:

biche, saule, astre nu.
Nous aurions dit merci pour le savoir:
chimie, carré blanc, loi du plomb.
Nous aurions dit merci pour quelques rêves:
cheval qui tangue,
forêt crépue,
lune à porter.
Nous aurions dit merci pour l'amour de l'amour:
hanche, caresse,
couple soudé, couple fondu.
Nous aurions dit merci pour quelque gravité:
monde qu'il faut comprendre,
monde qu'il faut ne pas avoir compris.
Nous aurions dit merci pour la tristesse:
temps décharné comme un parc sous la brume,
espace assis entre ses deux soleils qui toussent.
Nous aurions dit merci pour le néant,
si habitable.

WE WOULD HAVE SAID THANK YOU FOR BIRTH:

doe, willow, naked star.
We would have said thank you for knowledge:
chemistry, white square, law of harshness.
We would have said thank you for a few dreams:
horse that reels,
crisply crinkled forest,
moon to carry.
We would have said thank you for the love of love:
hip, caress,
fused mates, consumed mates.
We would have said thank you for some earnestness:
world to understand,
world to remain misunderstood.
We would have said thank you for grief:
emaciated time like a park in the fog,
space seated between two suns that cough.
We would have said thank you for nonenity
so livable.

UN MERCREDI COMME LA TÊTE ENTRE LES MAINS.

Vous n'aurez plus d'angoisse :
nous en ferons une fable aux fleurs pures,
une savane où sautent les gazelles.
Nous vous recommandons
notre technique du vertige :
aube à toute heure,
extase à volonté,
altitude de l'âme.
N'êtes-vous pas les abonnés du rêve ?
Un vendredi comme une pendaison.

A WEDNESDAY LIKE A HEAD BETWEEN HANDS.

You'll have no more anguish :
we will make it a fable of pure flowers,
a savannah with leaping gazelles.
We recommend to you
our technique of vertigo :
dawn at all hours,
ecstasy at will,
altitude of the soul.
Aren't you the subscribers of dreams?
A Friday like a hanging.

27

COMME LÈVRE ET MÂCHOIRE,

comme cil et rétine,
comme ventre et muqueuse,
comme paume et melon,
épousez-vous.
Comme foudre et navire,
comme agneau et vautour,
comme légende et plomb,
comme aurore et comète,
séparez-vous.
Comme lac et démence,
comme langage et crépuscule,
comme ivresse et miroir,
comme amour et amour,
soyez incompatibles.

LIKE LIP AND JAW,

like eyelash and retina,
like abdomen and membrane,
like palm and melon,
wed.
Like thunder and ship,
like lamb and vulture,
like legend and lead,
like dawn and comet,
separate.
Like lake and madness.
like language and dusk,
like drunkenness and mirror,
like love and love,
be incompatible.

28

Ô CERTITUDE, INCERTITUDE.
Allons choisir d'autres destins:
celui de l'araignée,
du marbre,
de la rose entrouverte.
Ô désespoir, espoir.
Nous survivrons
dans les tempêtes sans rivages,
dans le coeur de la nuit
qui ne veut plus être la nuit.
O déshonneur, honneur.
Déjà nous sommes
le crâne aux dents plus vertes que panique,
le sable paresseux comme un sommeil de buffle
entre ses deux éternités.
Irréel, ô réel.

OH CERTAINTY, UNCERTAINTY.
Let's choose other destinies:
that of the spider,
of marble,
of the half-open rose.
Oh hopelessness, hope.
we will survive
amid tempest without banks,
in the heart of the night
that refuses to be night.
Oh dishonor, honor.
we already are
the skull with teeth greener than panic,
the lazy sand like a buffalo's slumber
between its two eternities.
Unreal, oh real.

ILS VOLENT,

traversés par les lunes.
Ont-ils un poids,
une lèvre qui bouge,
une âme ressemblant à l'aigle si profond?
Le temps pour eux est comme une bouteille
jetée contre le mur.
Ils n'ont qu'un mot pour bien-être et souffrance.
Ils sont ce que nous deviendrons:
absents de squelette et d'esprit.

THEY FLY,

transpierced by the moons.
Do they have a weight,
a lip that moves,
a soul resembling the eagle so deep?
Time for them is like a bottle
flung against a wall.
They have but one word for comfort and suffering.
They are what we will become:
lacking skeleton and mind.

DESTIN

pour un cil, pour un ongle.
Bonheur
d'un livre nu, d'une pierre endormie.
Langage
cherchant un toit,
trouvant sa porte.
Luxure
aux navires qui dansent,
aux statues qui explosent
sous le jasmin.
Tout nous sert de préface:
nous sommes l'épilogue.

DESTINY

for an eyelash, for a fingernail.
Happiness
of a naked book, of a sleeping stone.
Language
seeking a home,
finding its door.
Lust
to the ships that dance,
to the statues that explode
under the jasmine.
Everything serves as our preface:
we are the epilogue.

VOUS LA RÉTINE.

Nous le regard.
Vous les oreilles.
Nous la musique.
Vous le larynx.
Nous le langage.
Vous les poumons.
Nous l'air si pur.
Vous le squelette.
Nous la peau douce.
Vous le bas-ventre.
Nous le voeu de l'amour.
Vous l'agonie.
Nous le tombeau.

YOU THE RETINA.

We the glance.
You the ears.
We the music.
You the larynx.
We the language.
You the lungs.
We the air so fresh.
You the skeleton.
We the soft skin.
You the belly.
We the vow of love.
You the agony.
We the tomb.

SUR LA PLUS FOLLE TOUR

les lumières, dit-on, seraient enceintes.
Les grands rapaces,
fermant les yeux, vont d'île en île.
Nous apprenons l'investiture d'un remords.
Le printemps nous présente une fleur inconnue.
Certains gestes pourraient nous fâcher avec l'aube.
Réparons l'âme, voulez-vous?
Les rites sont si vieux . . .
Nous avons rencontré plusieurs cas de tristesse.

ON THE DIZZIEST TOWER

the lights, they say, would be pregnant.
The great predators
closing their eyes, go from isle to isle.
We learn the induction of remorse.
Spring presents us an unknown flower.
Certain gestures could offend us at dawn.
Let's repair the soul, if you please?
The rites are so old . . .
We have met several cases of sadness.

SANS CONNAÎTRE LES CHOSES

—buvard, livre sacré, canne à sucre, toiture—
nous en avons saisi les ombres,
chacune triste
—pierre profane,
poisson blessé, demeure en feu—
de notre soif à la comprendre.
Sans connaître les hommes
—boulanger, ramoneur, avocat, matelot—
nous les avons aimés,
chacun heureux
—amant du blé, ennemi de la suie,
magistrat du langage, capitaine—
de notre volonté
à ne pas le comprendre.

WITHOUT KNOWING THE THINGS

—blotter, sacred book, sugar cane, roof—
we have grasped their shadows,
each one sad
—profane stone,
wounded fish, house afire—
from our thirst to understand.
Without knowing the men
—baker, chimney sweep, lawyer, sailor—
we have loved them,
each one happy
—lover of wheat, enemy of soot,
master of language, captain—
of our will
not to understand.

NOUS PARTIRONS EN GUERRE

pour la beauté, pour le vertige.
Nous partirons en guerre,
n'admettant pas que l'aube reste l'aube.
Nous partirons en guerre
pour qu'on nous dise: "Emportez donc ce paysage."
Nous partirons en guerre
comme on se cherche une raison.
Nous partirons en guerre
pour nous débarrasser de notre sang,
de notre amour, de notre nostalgie.
Nous partirons en guerre
par peur de notre solitude.
Nous partirons en guerre:
ainsi l'on sauve quelques mots sacrés.

WE WILL GO TO WAR

for beauty, for vertigo.
We will go to war
not accepting that dawn remains dawn.
We will go to war
so we can be told: "Take away this landscape."
We will go to war
as we look for a reason.
We will go to war
to get rid of our blood,
of our love, of our nostalgia.
We will go to war
through fear of our solitude.
We will go to war:
thus we save a few sacred words.

LA POMME GARDE NOS MORSURES.

La rose est veuve de nos mains.
Quant au miroir, il pleure:
seuls nos visages
avaient le droit de l'habiter.
Dans le jardin, la balançoire a des vertiges
comme au temps des genoux.
De loin, les pierres se saluent
en souvenir des mots que nous avons légués.
Durant nos vies,
avions-nous mérité tant d'amour?

THE APPLE KEEPS OUR BITE.

The rose is the widow of our hands.
As for the mirror, it cries:
only our faces
had the right to linger therein.
In the garden, the swing is dizzy
as in the cradle days.
From afar, the stones greet one another
remembering the words we have bequeathed.
In our lifetimes,
had we deserved so much love?

CHERS COSMONAUTES,

ne revenez jamais!
Apprenez à distance
la vie, la mort, la démesure.
Votre savoir que répudie le vieux savoir.
Néants si amicaux.
Squelette léger comme un souffle.
Libérez-vous de la planète,
et loin de vous soyez multiples
comme une fleur épanouie sur dix poulains.
Chers cosmonautes,
le temps heureux
ne ressemblera pas à notre temps.

DEAR COSMONAUTS,

never return!
Learn at a distance
life, death, disproportion.
Your knowledge that the old knowledge repudiates.
Emptiness so friendly.
Skeleton light as a breeze.
Free yourselves from the planet,
and far from you multiply
as a flower opened on ten foals.
Dear cosmonauts,
happy times
will not resemble ours.

37

QUE DIRONT NOS JOURNAUX?

Un homme s'est pendu;
une femme n'a pas voulu vivre.
Que diront nos poèmes?
Un chêne s'est noyé;
un hibou s'est cloué sur la nuit.
Que diront nos silences,
malgré nos phrases claires,
malgré nos verbes rouges?
Trop d'âme racontée.
Trop d'amour mis en mots.

WHAT WILL OUR PAPERS SAY?

A man hanged himself;
a woman did not want to live.
What will our poems say?
An oak drowned;
an owl nailed itself to the night.
What will our silence say,
despite our clear phrases,
despite our red speeches?
Too much soul narrated.
Too much love put to words.

VOUS AGIREZ EN INSECTES MODÈLES,

dans la justice et dans la loi.
Vous penserez comme le sable,
avec amour, avec sagesse.
Partout vous serez purs:
sur l'oceán,
dans la forêt,
au pays des parfums dociles.
Vous vivrez comme on vit par la foudre prévue,
par le rêve décent,
par le langage autorisé.
Chaque fois vous serez l'exigence.
Pour vous le temps se fera légitime.

YOU WILL ACT AS MODEL INSECTS,

in justice and in law.
You will think like the sand,
with love, with wisdom.
You will be pure in all places:
on the ocean,
in the forest,
in the country of submissive perfumes.
You will live as by foreseen lightning,
by the decent dream,
by the authorized language.
Each time you will be the requirement.
For you time will become legitimate.

UN JOUR APRÈS LA VIE,

nous pourrons naître où nous voudrons:
dans l'amadou,
dans l'aube nue,
dans l'ivresse des branches.
Un jour après la vie,
nous pourrons reconnaître
ce que nous sommes:
le sang, la chair et les baisers plus longs
que dans l'azur le train des oiseaux pâles.
Un jour après la vie,
nous n'aurons que des frères:
le fleuve avant son eau,
le volcan sous les joncs,
la truite apprenant à nager.
Un jour après la vie,
nous ferons notre choix:
l'existence, la mort, l'inexistence.

ONE DAY AFTER LIFE,

we can be born where we want:
in the tinder,
in the naked dawn,
in the drunkenness of branches.
One day after life,
we will be able to recognize
what we are:
the blood, the flesh and the kisses longer
than the flock of pale birds in the blue sky.
One day after life,
we will have only brothers:
the river preceding its water,
the volcano under the rushes,
the trout learning to swim.
One day after life,
we will make our choice:
existence, death, non-existence.

LA LUMIÈRE PRÉTEND QU'ELLE EST HEUREUSE.

La racine bénit son destin.
Dans la neige fondue,
nos mots sont libres.
Sérénité, largesse.
Printemps nourri de songes
et d'aigles qui alignent
les chiffres bleus de l'absolu.
Tous nos jardins acceptent le partage.
Musique, dirait-on, au coeur des pierres.
Cet univers consent à caresser l'esprit.

THE LIGHT CLAIMS IT IS HAPPY.

The root blesses its destiny.
In the melted snow,
our words are free.
Serenity, largess.
Springtime nourished with dreams
and eagles that align
the blue figures of the absolute.
All our gardens accept being shared.
Music, one would say, in the hearts of stones.
This universe agrees to caress the spirit.

C'EST ENTENDU:

le sable prendra le pouvoir.
Nous acceptons que les fourmis
ne laissent rien de notre azur.
D'accord: l'ortie recouvrira
les plaines, les volcans, les îles de la soif.
L'espèce a trop duré:
prenez notre place, matière!
Cependant, nous mangeons des cerises,
nous rions pour un chien qui traverse la rue,
nous nous aimons sans prendre garde à notre peur.
Et même notre mort, c'est bien juré,
sera très provisoire.

IT IS UNDERSTOOD:

the sand will seize power.
We accept that the ants
leave nothing of our sky.
Agreed: the nettles will overlay
the plains, the volcanoes, the islands of thirst.
The species has lasted too long:
take our place, matter!
However, we eat cherries,
we laugh for a dog that crosses the road,
we love each other, heedless of our fear.
And even our death, it is well sworn,
will be very temporary.

LE POÈTE QUI PEND DANS LE SALON,

ne le détachez pas:
il portera bonheur aux amoureux.
Posez le perroquet sur la commode:
les mimosas lui feront fête.
Le ciel, n'en doutez point, habite à chaque étage.
Les draps de soie rendent les rêves plus paisibles.
La radio ne transmet que les douces nouvelles.
Vous resterez jusqu'à la fin des temps?
Que la félicité soit avec vous,
à l'hôtel du silence
et de la poésie.

THE POET WHO HANGS IN THE PARLOR,

do not untie him:
he will bring happiness to lovers.
Set the parrot on the cupboard:
the mimosas will regale him.
The heaven, have no doubt, dwells on each floor.
The silken sheets make dreams more peaceful.
The radio transmits but pleasing news.
You will stay until the end of time?
May bliss be with you,
at the hotel of silence
and poetry.

ET SI UN JOUR QUELQUE BRIGAND

nous volait notre angoisse?
Et si un jour, le cou tendu,
pareils à la girafe sous les arbres,
nous ne trouvions d'autre aliment que le bonheur?
Et si un jour nous pardonnions à Dieu
de nous avoir défaits avant d'oser nous faire?
Et si un jour nous acceptions la vie
comme un poison
que nous tend une jeune maîtresse
pour prouver son amour?

AND IF ONE DAY SOME THIEF

would steal our anguish?
And if one day, neck stretched,
like a giraffe under the trees,
we would find no food but happiness?
And if one day we forgave God
for having unmade us before daring to make us?
And if one day we accepted life
like a poison
that a young mistress gives us
to prove her love?

DORLOTER LE PLAFOND.

Meubler, comme on meuble un cerveau.
Notre ami le soleil aura ses aises
ici, dans la cuisine.
L'horizon dormira entre les deux enfants.
Placard pour quelques illusions.
Repeindre en bleu.
Par-ci, par-là, ajouter un oiseau.
Tout un étage pour les jeux du verbe.
Déjà le lierre se met à courir.
Mesurer notre espace.
Pourtant, nous irons vivre loin de nous.

TO FONDLE THE CEILING.

To furnish, as we furnish a brain.
Our friend the sun will be at ease
here, in the kitchen.
The horizon will sleep between the two children.
Closet for a few illusions.
To repaint in blue.
To add a bird here and there.
One whole floor for games of the verb.
Already the ivy starts to run.
To measure our space.
Yet, we will go to live far from us.

ADRESSEZ-VOUS UNE LETTRE D'AMOUR:

personne d'autre ne vous aime.
Ouvrez le coffre où vous cachez votre âme,
ô maigre économie.
Notez ce paradoxe:
"Quand le temps court, les lièvres vont dormir."
Plaignez-vous du silence
plus lourd que douze cathédrales.
Offrez un verre à l'inconnu:
peut-être parle-t-il le langage des arbres?
Entrez chez le tailleur:
vous aimeriez, bien sûr, d'autres épaules,
un corps plus souple.
Gravez ces mots sur une pierre:
"Qui gît ici? Passant, c'est toi qui en décides."

SEND YOURSELF A LOVE LETTER:

no one else loves you.
Open the safe where you hide your soul,
o thin thrift.
Note this paradox:
"When time flies, the hares go to sleep."
Complain of the silence
heavier than twelve cathedrals.
Offer a glass to the stranger:
perhaps he speaks the language of trees?
Go to the tailor's shop:
you would like, of course, other shoulders,
a body more supple.
Engrave these words on a stone:
"Who lies here? Passerby, it is you who decides."

LA MOUCHE VA MOURIR.

La montagne se ferme devant nous.
Quatre par quatre accourent les tilleuls.
Ce soir, nous jugeons la présence.
Le champ d'avoine a des remords.
Le fleuve punit ses visages:
est-ce pour qu'un vautour lui retrouve ses îles?
Ce soir, nous condamnons tous les mystères.
Le crépuscule écrit à l'arbre aimé.
La pierre a besoin de souffrance.
La mouche est morte.
Ce soir, nous acquittons le doute.

THE FLY IS GOING TO DIE.

The mountain is closed before us.
The linden trees rush four by four.
Tonight, we judge the presence.
The oat field repents.
The river punishes its countenance:
is it for a vulture to regain its islands?
Tonight, we condemn all the mysteries.
Dusk writes to the beloved tree.
The stone needs suffering.
The fly is dead.
Tonight, we expel doubt.

SOYONS TRÈS IGNORANTS:

la lune arrive-t-elle
d'un pays fou?
Voyons dans le sapin, l'eau qui chuchote:
"Orage, amour, fragilité."
Apprenons qu'il faudrait désapprendre
comme brebis, comme caillou,
comme feuille noyée.
Par hasard, découvrons
nos doigts pour nous saisir,
nos lèvres pour nous réchauffer,
nos épaules pour être plusieurs
et pour être un.

LET US BE QUITE IGNORANT:

Does the moon arrive
from a mad country?
Let us see in the fir tree, the water that whispers:
"Storm, love, fragility."
Let us learn that we should unlearn
like a sheep, like a pebble,
like a drowned leaf.
By chance, let us open
our fingers to grasp us,
our lips to rekindle us,
our shoulders to be many
and to be one.

LES FLEURS,

même le tournesol nourri d'oiseaux,
sont incrédules.
Parfois, quelques cascades ralentissent,
Pour nous interroger.
Pourtant, la pierre se détourne,
et le cheval regagne l'horizon.
Si l'on en croit l'espace,
nous ne serions que calomnie:
truqués
comme un proverbe
sans chair ni peau.

THE BLOOMS,

even the sunflower nourished by birds,
are incredulous.
Sometimes, a few cascades abate,
so as to question us.
Still, the stone turns aside,
and the horse returns to the horizon.
If we could believe space,
we would be nothing but slander:
cheated
like a proverb
without flesh or skin.

LES SAUTERELLES

et leur ultimatum:
"Le 2 janvier nous vous expulserons."
Quelques villes rasées
car leur azur n'était pas bleu.
Le peuple analphabète
chez qui le dieu s'appelle absence.
L'amour de deux voyelles malheureuses.
La peur de respirer
comme au bord de la mer une maison
dont on aurait muré chaque fenêtre.
De qui encore serions-nous le bagne?

THE LOCUSTS

and their ultimatum:
"On January 2 we will expel you."
A few cities razed
because their sky was not blue.
The illiterate people
whose god is called absence.
The love of two unhappy vowels.
The fear of breathing
like a seashore house
whose every window would have been walled.
For whom else would we be the bondage?

NOS ROSES DE MASSACRE.

Nos corps de rouille blanche.
Nos mains porteuses de malheur.
Et puis nos lèvres n'osant pas s'unir
à des lèvres plus douces.
Quel autre monde?
Nos vendredis de poivre.
Nos objets oppresseurs.
Nos rêves s'armant de fusils.
Et puis nos crânes
qui nous reprochent d'être nés.
Quelle autre loi?
Notre folle raison.
Notre conscience comme un lit tout frais.
Notre amour sous la cendre.
Et puis notre planète
qui hurle dans sa cage.
Quel autre dieu?

OUR ROSES OF CARNAGE

Our bodies of white rust.
Our hands bearing curses.
And then our lips not daring to unite
with sweeter lips.
What other world?
Our Fridays of pepper.
Our oppressive objects.
Our dreams arming themselves with guns.
And then our skulls
that reproach us for being born.
What other law?
Our foolish judgment.
Our conscience like a fresh bed.
Our love beneath the ashes.
And then our planet
that howls in her cage.
What other god?

TOUT EST PERMIS

car le réel gigote comme un rat
qui avale un poison.
Fin retournée à nos commencements,
doute changé en foi:
nos papillons déjà sont des navires,
et nos rivières des chevaux
dans la musique rousse des jardins.
Arbres de race et de virginité,
nous sommes la légende.

ALL IS ALLOWED

because reality squirms about like a rat
who gulps down poison.
Result reverted to our beginnings,
doubt changed into faith:
our butterflies have become ships,
and our rivers horses
in the sandy music of gardens.
Highborn and virgin trees,
we are the legend.

CONSCIENCE, VIEUX POUMON!

Mémoire, pâquerette folle!
Heureux enfin d'appartenir
à la matière ininventée,
nous construirons notre planète
là où la chair n'existe pas,
ni la parole avec nos noix vidées,
ni l'écriture qui transforme
le moustique en oiseau de feu.

CONSCIENCE, OLD LUNG!

Memory, foolish daisy!
Happy to belong at last
to uninvented matter,
we will build our planet
where flesh is non-existent,
nor speech with its empty seeds,
nor scripture that transforms
the mosquito into a fire bird.

NOUS AVONS RENDEZ-VOUS DANS UN CERVEAU PUBLIC

pour décider
que notre monde s'ouvrira
aux toucans, aux résines,
aux grands vertiges du réel,
à la momie du cheval rouge
qui vingt siècles plus tôt
sut vaincre les ténèbres.
Nous avons rendez-vous
dans un poème collectif.

WE RENDEZVOUS IN A PUBLIC MIND

to decide
that our world must be opened
to toucons, to resins,
to the great giddiness of reality,
to the mummy of the red horse
that twenty centuries earlier
learned how to conquer obscurity.
We rendezvous
in a collective poem.

LES CHIENS SONT SOUS LA TABLE.

Les enfants jouent
à se faire tulipes.
Nous sirotons quelque proverbe alcoolisé.
La viande est bleue
comme un sonnet fier de ses rimes.
Entre mangue et pistache,
nous réglons une affaire
trop longtemps différée:
le choix d'un dieu.

DOGS ARE UNDER THE TABLE.

Children play
at becoming tulips.
We sip some fermented proverb.
Meat is blue
as a sonnet proud of its rhymes.
Between mango and pistachio nut,
we settle a matter
too long postponed:
the choice of a god.

LÈVRES DE PLAGE.

Mains pour dire aux juments:
"Restez auprès de nous."
Objets amis que l'on caresse
dans le lit conjugal.
Par solidarité,
nos murs se font moins froids,
nos fables moins opaques.
Plus d'un melon se dore
pour être digne d'un baiser.
Le vieux marbre connaît l'amour
et nous en fait la confidence.

SEA-SIDE LIPS

Hands for telling mares:
"Stay close to us."
Friendly articles that we caress
in the marriage bed.
Through union,
our walls become less cold,
our fables less opaque.
More than one melon ripens
to be worthy of a kiss.
The old marble knows love
and confides it to us.

SOLEIL ET DICTATURE.

Ville étouffée comme une chienne.
La nuit, les trottoirs se rapprochent
pour se sentir moins seuls.
Qui aurait du travail
pour ce jeune homme aux mains fidèles?
Le pain n'a plus de goût pour les mardis qui souffrent.
Chez les palétuviers
la grève est générale.
Quarante et un degrés à l'ombre.
Mandat d'arrêt contre les iles bleues.
Chômeurs et cheminots,
décrochez la comète:
ce sera votre otage.

SUN AND DICTATORSHIP.

City choked like a bitch.
At night, sidewalks draw close
to feel less lonely.
Who would have work
for this young man with faithful hands?
Bread no longer has taste for suffering Tuesdays.
In the mangroves
the strike is general.
Forty-one degrees in the shade.
An arrest warrant for the blue islands.
Unemployed and railway men,
unhook the comet:
it will be your hostage.

PARLEZ-NOUS DES POÈMES

galopant au milieu des bouleaux.
Soyez très purs,
comme le cormoran qui pêche une île,
ou le fleuve endormi dans un lit étranger.
Soyez très simples :
le pain ne vous veut aucun mal,
ni la couleuvre domestique,
ni le soleil qu'on peut caresser comme un faon.
Rappelez-vous que l'art
est le plus bel exil.
Et puis reposez-vous :
une tendre tempête
mettra un troisième oeil sur votre front.

SPEAK TO US OF POEMS

galloping in the midst of birches.
Be most pure,
like the cormorant that fishes an island,
or the river asleep in a strange bed.
Be most simple:
bread wishes you no harm,
nor the domestic snake
nor the sun that one caresses like a fawn.
Remember that art
is the most beautiful exile.
And then rest:
A tender tempest
will place a third eye on your forehead.

ESPACE,

nous vous avons légué un doute mais de gloire;
un mépris, mais d'honneur.
Nous vous avons offert le cri,
le parfum de la peau,
le sud profond de la souffrance.
Nous vous avons donné des dieux:
mettez-les au travail;
et, dans ce lit encore chaud,
l'éternité
à qui, sans jamais être nus,
nous avons fait l'amour.
Espace,
nous méritons.

SPACE

we have bequeathed you a doubt but of glory;
a contempt, but of honor.
We have offered you the cry,
the perfume of the skin,
the deep south of suffering.
We have given you gods:
put them to work;
and, in this bed still warm,
eternity
to which, without ever being nude,
we made love.
Space,
we deserve.

CHACUN DE NOUS SE DIT:

"Je vagabonde entre moi-même et moi
sans réussir à me trouver."
Chacun de nous constate:
"La peau de l'âme est lourde
comme un cadavre de jument."
Chacun de nous,
à force de s'interroger,
oublie qu'un mot suffit
pour former dans notre oeil
une comète.

EACH OF US THINKS

"I roam between me and I
and do not find myself."
Each of us states:
"The skin of the soul is heavy
like the mare's corpse."
Each of us,
by dint of questioning himself,
forgets that one word is enough
to shape in our eye
a comet.

NOUS SOMMES NÉS DANS CE POÈME.

Nourris d'images
et de proverbes vénéneux,
nous n'avons su ni vivre ni mourir.
La joie, la peine, et puis l'indifférence . . .
Nous fûmes parfois des objets,
parfois des plantes pacifiques.
Si nous avons couru le monde,
c'est comme on court une licorne
au fond d'une forêt où ne pousse aucun arbre.
Ce soir, nous revenons, pleins de respect,
dans la phrase natale à jamais incomprise.

WE WERE BORN IN THIS POEM

nourished with images
and poisonous proverbs,
we have not learned either to live or to die.
Joy, sorrow, and then indifference . . .
We were sometimes objects,
sometimes peaceful plants.
If we have roamed all over the world,
it is as if we chase a unicorn
in the depth of a forest where no tree grows.
This evening, we return, filled with respect,
in a native phrase forever misunderstood.

CONTRADICTOIRES

comme une peau qui prend plaisir à d'autres peaux.
Perclus de certitudes.
A l'affût des raisons
comme à l'affût de quinze kangourous
sautant de fable en fable.
Expliquant, expliqués.
Ivres de naître
chaque jour de nouveau.
Prêts à guillotiner l'absurde,
cet assassin.
Pourquoi nos dieux refusent-ils
de nous créer?

CONTRADICTORY

as a skin that enjoys other skins.
Crippled with truths.
On the lookout for reasons
like the stalking of fifteen kangaroos
leaping from fable to fable.
Explaining, explained.
Intoxicated from being
reborn each day.
Ready to guillotine the absurd,
this murderer.
Why do our gods refuse
to create us?

LIBERTÉ DE LA ROUILLE.

La ville va comme un cancer.
Le soupçon serait-il votre seul tournesol?
Auriez-vous revendu
votre gorge au marché des légumes?
Sortez de vous: le monde sera beau
comme un grand scarabée.
La lune fait semblant de vous comprendre.
Vous mourrez tous pour un soupir de pierre émue.
Le vrai n'est que plumage.

FREEDOM OF RUST

The city progresses like cancer.
Would suspicion be your only sunflower?
Would you have resold
your throat to the vegetable market?
Leave your shell: the world will be beautiful
like a large beetle.
The moon pretends to understand you.
You will all die for the sigh of an affected stone.
Truth is only plumage.

NOUS LES CHAUVES-SOURIS,

pendus comme défroques
dans la mansarde aux îles congédiées.
Nous les oiseaux renversés de la honte,
enfants du crépuscule
sur qui fonce un vautour sans appétit.
A notre approche les forêts rentrent sous terre,
les lacs se couchent sur le ventre.
Nous avons peur
de perdre notre cécité.
L'imaginaire, seul pouvoir.

WE BATS

hung as used clothing
in the attic with abandoned islands.
We birds upturned by shame,
children of dusk
on whom swoops a vulture lacking appetite.
At our approach forests return beneath the earth,
lakes go to bed face down.
We are afraid
of losing our blindness
The imaginary, unique power.

66

CHAQUE OEIL, METTEZ-LE EN LIEU SÛR.

N'emportez qu'une jambe.
La bouche aussi vous sera inutile.
Au vide-ordures, la mémoire!
Vous serez mieux en chiens,
en nénuphars qui brûlent.
Épousez une chose
—peu importe laquelle—
parmi les choses mécontentes.
Découvrez quelque mot qui ne traduise rien.
Aucune identité.
Présents comme une absence.
Vivants comme un oubli.

EACH EYE, SET IN A SAFE SPOT.

Take along but one leg.
Your mouth also will be useless.
To the rubbish shoot, the memory!
You will be better as dogs,
as burning water lilies.
Espouse any one thing
—no matter what—
among discontented things.
Discover some word that translates nothing.
Any identity.
Present like an absence.
Alive like an oblivion.

TOUS LES PAYS LOINTAINS

ont rendez-vous sous notre peau;
nous leur faisons l'honneur de nos poumons
où ils peuvent dormir comme dorment des merles
après les discours de l'orage.
Tous les pays lointains sont repartis:
dans notre auberge ils n'ont trouvé
ni aliments, ni murs,
ni de quoi réchauffer d'anciens vertiges.
Nous restons seuls,
à convoquer l'étoile,
à inviter la mer.
Et nos pays lointains
sont au fond de nos verbes, plus vides
que des harengs pendus à l'entrée d'un village.
Faisons de notre rêve un gros pavé.

ALL FAR-OFF LANDS

meet under our skin;
we honor them with our lungs
where they can sleep as blackbirds
after the oration of the storm.
All far-off lands have started again:
in our inn they found
neither food, nor walls,
nor enough to warm former dizziness.
We remain alone,
convoking the star,
inviting the sea.
And our far-off lands
are at the base of our words, emptier
than herrings hung at the entrance of a village.
Let's make of our dream a heavy cobblestone.

VOUS, ÉCOLIERS DE LA VENGEANCE,
vous vous êtes tranché la gorge
pour ne plus dire "amour", "soleil", "matin".
Vous, écoliers du vent qui gifle,
vous avez dévêtu la ville: une concierge
qui cherche dans la cour ses seins tout plats.
Vous, écoliers de l'amertume,
vous avez tant de fois craché dans les ruisseaux,
que la lèpre s'est mise
dans chaque pierre,
dans chaque prince à cheval sur son bronze.
Vous, écoliers de la colère,
vous ne voulez comprendre
ni l'homme, ni l'esprit, ni les objets.
Vous, écoliers du refus bleu, du refus rouge,
votre mépris s'appelle espoir.

YOU, PUPILS OF VENGEANCE,
you cut your own throat
to no longer say "love", "sun", "morning".
You, pupils of the stinging wind,
you have stripped the city: a door-keeper
who in the yard seeks her flat breasts.
You, pupils of bitterness,
you have so often spit in street gutters,
that leprosy sank
in each stone,
in each prince on his bronze horse.
You, pupils of anger,
you do not wish to understand
neither man, nor spirit, nor objects.
You pupils of blue and red refusal,
your scorn is called hope.

VIVONS NOS DEUX ÉTERNITÉS:

celle où tout recommence
—hirondelle, aube dans le bec—
et celle où rien ne dure
—rocher contre lequel s'abîment les chevaux.
Imposons-nous de terribles bonheurs:
changer d'espèce à chaque souffle,
devenir baobabs, chiens frileux,
pierres très tendres,
graines plus belles que maturité.
Ne pas écrire: être écriture.

LET'S LIVE OUR TWO ETERNITIES:

the one where all starts afresh
—swallow, dawn in its beak—
and the one where nothing lasts
—rock against which horses hurt themselves.
Let's impose ourselves some dreadful happiness:
change species with each breath,
become baobabs, shivery dogs,
very tender stones,
seeds more beautiful than maturity.
Don't write: become writing.

MOURIR BEAUCOUP,

pour faire place
à l'oxygène, à la belette,
au nuage rieur,
au soleil, au moustique,
à la potence.
au velours bleu,
plus compétents que nous.
L'homme, ce cauchemar de la matière.

TO DIE A GREAT DEAL,

in order to make room
for the oxygen, for the weasel,
for the laughing cloud,
for the sun, for the mosquito,
for the gallows,
for blue velvet,
more competent than we.
Man, this nightmare of matter.

IL PLEUT,

dans nos mémoires,
des arbres dévêtus.
Il neige,
sur nos passés,
des coeurs plus gros que potirons.
Il fait minuit
sur nos rires si faux
qu'ils n'appartiennent
ni à janvier ni à septembre.
Et le séisme tous les jours lézarde
nos mains trop folles,
où le monde pensait renaître à neuf.
Le soleil à son tour se conteste.

IT RAINS,

in our memories,
some defoliated trees.
It snows,
on our past lives,
hearts larger than pumpkins.
It's midnight
on our laughs so false
that they belong
neither to January nor to September.
And every day the earthquake cracks
our too foolish hands,
where the world thought of being reborn anew.
The sun in its turn is challenged.

NOTRE RÉVOLTE EST CONTRE VOUS:

platane honteux d'être platane,
colline qui te couches
pour ne plus ressembler à la colline,
aigle qui te voudrais moineau
par peur de l'altitude,
lilas qui te camoufles
en lilas peint sur un auvent,
mot qui trahis tous tes frères les mots,
homme qui vomissant les hommes
leur préfères le sable de l'oubli.
Malgré vous, nous vivrons la certitude.
Neige, bonjour, ô camarade.

OUR REVOLT IS AGAINST YOU:

plane tree ashamed of being a plane tree,
hill you sink low
to no longer resemble a hill,
eagle you would be a sparrow
for fear of the altitude,
lilacs you disguise yourselves
as lilacs painted on a porch roof,
word you betray all your brothers the words,
man vomiting men
you prefer to them the sand of oblivion.
Despite you, we will live the truth.
Snow, hello, oh companion.

VU QUE NOUS NE POUVONS TIRER SUR LES ÉTOILES

pour qu'elles tombent, grives mortes;
vu que nous renversons autant de républiques
qu'il est de rats dans l'égout de nos coeurs;
vu qu'être vos semblables
fait de nous ces lépreux,
allons au moins
—rage et ravissement—
tuer un arbre.
Vu que nous adorons le doute.

SINCE WE CAN'T SHOOT AT THE STARS

so that they will fall, dead thrushes;
since we are overthrowing as many republics
as there are rats in the sewers of our hearts;
since to be your equals
makes out of us those lepers,
let us go at least
—rage and ravishment—
to kill a tree.
Since we worship doubt.

AME LACRIMOGÈNE.

Corps pour grenade qui éclate.
Ame trouée dix fois, d'avoir servi.
Corps pour vous, le faux frère, et pour vous, la
  soeur morte.
Ame souffrant comme un fleuve aux arrêts.
Corps sur la barricade.
Ame qui couche sous les ponts.
Corps, aubergine offerte à la potence.
Vous, jolis mots, allez vous battre dans la rue.

TEARFUL SOUL.

Body for a bursting grenade.
Soul pierced ten times, for having served.
Body for you, the untrue brother, and for you, the
  dead sister.
Soul suffering like a river under arrest.
Body on the barricade.
Soul that sleeps under the bridges.
Body, eggplant offered to the gallows.
You, pretty words, go fight in the street.

A NOTRE MÈRE AVEUGLE,

vous allez dire que les mois de mai
sont moins jolis que la révolte.
A notre mère sourde,
vous porterez nos mains
qui firent de nos compagnons cette chaux vive.
A notre mère au bout de son néant,
nous irons annoncer nous-mêmes
nos secondes naissances
ô volonté!

TO OUR BLIND MOTHER,

you are going to say that the months of May
are not as pretty as revolt.
To our deaf mother,
you will bring our hands
that made of our companions this quickline.
To our mother at the end of her abyss,
we will announce ourselves
our second births.
Oh willingness!

MOI, ZÉRO. TOI, OMBRE D'OMBRE EFFACÉE.

Lui en sursis, moucheron dans le vin.
Elle, entrouverte sous un sexe. Vous,
plus bas qu'herbe saignante. Eux, contre un mur,
fusil dans l'oeil. Nous tous, nous couvrirons
cet univers d'une rosée sauvage.
Pluriel, pluriel, pluriel : unique loi.

ME, ZERO. YOU, SHADOW OF A
BLOTTED SHADOW.

Him suspended, gnat in the wine.
Her agape under a sex. All of you,
lower than bleeding grass. Them, against a wall,
gun in the eye. All of us, we will cover
this world with a wild dew.
Plural, plural, plural : the only law.

VIVE L'ARBRE QUI VA DE VISAGE
EN VISAGE,

proclamant: "Je vous hais."
Vive la pierre
qui vous écrase, escargots blancs.
Vive la peur qui brûle
votre âme, courte paille.
Vive la corde
qui s'impatiente sur vos nuques
comme un boa devant une brebis.
Vive l'outrage.
Tais-toi, gamin, et mange ta planète.

LONG LIVE THE TREE GOING FROM
FACE TO FACE

proclaiming: "I hate you."
Long live the stone
crushing you, white snails.
Long live the fear burning
your soul, a short straw.
Long live the rope
getting impatient on the back of your neck
as a boa in front of a sheep.
Long live the outrage.
Keep quiet, kid, and eat your planet.

NOUS NOUS LEVONS

pour punir notre nuit.
Nous buvons ce café
comme on boit mille hontes.
Nous mettons notre blouse,
âme raccommodée,
puis nos chaussures
qui portent nos visages.
Nous gagnons le trottoir
pour n'avoir pas à gagner notre vie.
Nous allons n'importe où caresser le silence
à la peau si laiteuse.
Nous fumons du mépris
car il ne laisse aucun mégot.
Le soir nous aimerions rentrer en nous,
mais nous avons perdu nos clefs.
Nous dormirons à la vilaine étoile.
La mémoire, eczéma.

WE RISE

to punish our night.
We drink this coffee
as one drinks in a thousand shames.
We put on our blouse,
mended soul,
then our shoes
carrying our faces.
We make it to the sidewalk
so as not to have to earn our living.
We go anywhere to embrace silence
with its skin so milky
We burn scorn
for it doesn't leave any stub.
In the evening we would like to return to our homes,
but we have lost our keys.
We will sleep in the nasty outdoors.
Memory, eczema.

FLEURS D'ANARCHIE.

Rappelez-vous quand les lunes bêlaient.
Le mois de juin fuyait comme un renard.
Nous avions trop d'années à vivre,
neige éternelle au bout des yeux.
Maintenant nous avons rétréci :
une épaule pour cinq,
un rire à partager,
une peau qui se troue.
Nous possédions de gros châteaux
pour nos chiennes cossues.
Fruits d'anarchie.
Le monde nous échappe.
Notre crâne anonyme.

FLOWERS OF ANARCHY.

Remember when the moons were bleating.
The month of June was fleeing like a fox.
We had too many years to live,
eternal snow at eyes' end.
Now we have shrunk :
a shoulder for five,
a laugh to share,
a skin with holes.
We possessed large castles
for our rich-coated bitches.
Fruits of anarchy.
The world escapes us.
Our anonymous skull.

BONHEUR CLOUÉ COMME UN HIBOU.

Amour sans lèvre et sans paupière.
Beauté, pollen qui tue sa fleur.
Musique, étang pour somnambules.
Extase aux dieux désaffectés.
Espoir, caresse de serpent.
Liberté, mot qui s'est pendu.
Pour toute affaire
nous concernant, prenez l'avis du catalpa.

HAPPINESS NAILED LIKE AN OWL.

Love without lip and eyelid.
Beauty, pollen that kills its flower.
Music, pond for sleepwalkers.
Ecstacy to secularized gods.
Hope, a serpent's caress.
Freedom, a word that hanged itself.
For each relevant affair
concerning us, follow the catalpa's advice.

VAGABOND, DONNE-NOUS TES SEMELLES

pour une paire de vautours.
Fondeur,
découpe-nous un soleil mûr comme un melon.
Marin,
construis-nous un bateau plus léger que le rire.
Mercière, sur ton fil l'écureuil danse,
joyeux comme le vin.
Cheminot, pose-nous quelques rails:
nous partirons pour le pays où tous les hommes
ont une même bouche.
Amis, recommençons l'apprentissage.

VAGABOND, GIVE US YOUR SHOE SOLES

for a pair of vultures.
Smelter,
cut us a sun ripe as a melon.
Sailor,
build us a ship lighter than a laugh.
Haberdasher, on your thread the squirrel dances,
joyous like wine.
Railroader, set us a few rails:
we will leave for the land where all men
have the same mouth.
Friends, let's begin again the apprenticeship.

LA TERRE ÉCRIT LA TERRE.

La terre chante,
on dirait pour l'étoile,
on dirait pour le vent qui ne sait où il va.
La terre est une main qui crée la terre.
La terre est une voix
qui dit la fleur, le caillou, le chemin.
La terre peint les hommes,
pleure le poids du temps
et vante l'été pur.
La terre est monument de nos mémoires.

THE EARTH WRITES THE EARTH.

The earth sings,
one would say for the star,
one would say for the wind that doesn't know where it is going.
The earth is a hand creating the earth.
The earth is a voice
saying flower, pebble, path.
The earth paints men,
cries the weight of time
and praises the pure summer.
The earth is a monument of our memories.

SOUS LES ÉTOILES FERMENTE LE GRAIN.

Sous le grain dorment les étoiles.
Il faut confondre
fruit et soleil;
offrir la nuit au jour,
et le jour à la nuit.
Pourquoi les arbres
n'ont-ils pas leurs racines
dans les nuages fous?
Écrire le mystère,
c'est lui donner deux corps.
Si la pluie nous efface,
nous saurons qu'une étoile va germer.

UNDER THE STARS THE GRAIN FERMENTS.

Under the grain the stars sleep.
One must merge
fruit and sun;
offer night to the day,
and day to the night.
Why don't the trees
have their roots
in wild clouds?
To write the mystery,
is to give it two bodies.
If the rain erases us,
we will know a star will sprout.

SI NOUS PLEURONS,

c'est pour que le platane
consente à demeurer platane;
et le caillou, caillou.
Nous avons peur de notre loi
qui nous ordonne d'être plumes,
topazes, champignons.
Faut-il rêver
pour que notre réel
devienne le réel?

IF WE CRY,

it's only so the plane tree
consents to remain a plane tree;
and the pebble, a pebble.
We are afraid of our law
that commands us to be feathers,
topazes, mushrooms.
Must one dream
for our reality
to become reality?

POUR COURONNER.

Pour être plus multiples
au bord de chaque joie.
Pour apprendre au vertige
un vertige meilleur.
Pour provoquer
ceux-là que nous aimons.
Pour vivre en harmonie
avec la folle déchirure.
Pour célébrer
en déchirant.

TO CROWN.

To be more multiple
on approaching each joy.
To teach ecstacy
a greater ecstacy.
To provoke
those whom we love.
To live in harmony
with mad laceration.
To celebrate
While lacerating.

LA NÉBULEUSE DANSE.

Nous lui offrons un horizon très jeune.
Elle devrait accepter une forme,
dormir chez nous, manger nos verbes.
Notre azur s'impatiente,
nos planètes sont lasses de courir.
Extase? Exode? Elle danse toujours,
la nébuleuse qui aura demain
notre premier visage.

THE NEBULA DANCES.

We offer it a young horizon.
It should accept a form,
sleep with us, eat our words.
Our azure grows impatient,
our planets are weary of running.
Ecstacy? Exodus? It always dances,
the nebula that will have tomorrow
our first face.

LOI DE LA TACHE.

Nécessité de l'alphabet.
Rouge trop bleu, bleu presque rouge.
Mot soupçonnant le mot.
Verbe à paupières.
Débris d'une conscience.
Fragments d'une logique.
Le monde serait beau
si pour le définir
nous en mourions.

LAW OF THE SPOT.

Need of the alphabet.
Red too blue, blue almost red.
Word suspecting word.
Verb with eyelids.
Remains of a consciousness.
Fragments of a logic.
The world would be beautiful
if to define it
we were to die.

NOUS VOULONS ECHANGER,
contre ce vin qui est refus,
ce vin-ci qui est fête.
Nous voulons devenir,
nous qui sommes la boue du matin,
oiseaux de majesté sur la forêt dansante.
Nous voulons, vils objets que l'on consomme,
rêver à des objets qui sont royaux
comme un miroir ouvert sur la musique.
Nous voulons quelques verbes
ni de mépris, ni de remords,
mais légers sur des bouches légères.
Nous voulons pardonner
à notre pain qui est poison,
et pétrir d'autres pains
que nous rendrons sacrés.

WE WANT TO EXCHANGE,
for that wine which is refusal,
This wine which is festival.
We want to become,
we who are the scum of the morning,
birds of majesty on the dancing forest.
We desire, vile objects one consumes,
to dream of objects that are royal
like a mirror opened on music.
We want a few words
neither of scorn, nor of remorse,
but light on light lips.
We want to forgive
our bread that is poison,
and knead other breads
that we will make sacred.

CHAQUE JOUR, ON NOUS OFFRE

un village, une épaule, une jument.
On ne peut rien nous refuser,
ni la colline heureuse,
ni le fleuve ancestral.
Nos voeux sont voeux de tout passant:
une déesse approche,
avec son long couteau ouvre la lune,
chasse un bourdon bavard.
On nous donne le droit,
entre cet arbre et ce caillou,
entre ce chant et ce silence,
de planter notre rêve.

EACH DAY, THEY OFFER US

a village, a shoulder, a mare.
They can refuse us nothing,
neither the happy hill,
nor the ancestral river.
Our vows are vows of each passer-by:
a goddess approaches,
opens the moon with her long knife,
chases a buzzing drone.
They give us the right,
between this tree and that pebble,
between this song and that silence,
to plant our dream.

NOTRE FLEUVE OBÉIT.

Notre colline est au toucher comme une femme.
Notre dieu n'a pas peur de nous parler
car nous sommes, joueurs ou solennels,
ses seuls amis.
Notre âme a une odeur de poire,
et notre verbe va de feuille en feuille
comme un oiseau enivré de printemps.
Le jour voit en nous son vrai jour;
la nuit ne peut être la nuit
sans notre volonté.
Nous écoutons mille crinières
qui nous racontent l'histoire du vent.
Face aux navires,
nous attendons des nouvelles de nous.

OUR RIVER OBEYS.

Our hill is like a woman to the touch.
Our god is unafraid to address us
because we are, playful or solemn,
his only friends.
Our soul has a pear-like smell,
and our word roams from leaf to leaf
as a bird heady from springtime.
The day sees its true day within us;
night cannot be night
without our willing it.
We listen to a thousand manes
that tell us the story of the wind.
Facing the ships,
we await our own news.

ENTRE L'HERBE ET LE VENT,
notre royaume.
Entre la louve et l'araignée,
notre raison.
Entre le fer et le velours,
notre patience et notre foi.
Si vous avez besoin d'azur,
notre cave recèle
quelques comètes que nous polirons.
Si vous avez besoin d'un mot,
celui des fleurs et celui des pouliches
conservent leur virginité.
Entre l'écorce et les écorces.
nos dieux sereins.
Entre l'amour et les amours,
nos dieux qui quelquefois sont ivres.

BETWEEN GRASS AND WIND,
our kingdom.
Between she-wolf and spider,
our reason.
Between iron and velvet,
our patience and our faith.
If you need azure,
our cellar conceals
a few comets we will polish.
If you need a word,
that of flowers or of fillies
preserve their virginity.
Between bark and rinds,
our serene gods.
Between love and passions,
our gods who are sometimes besotted.

93

VOUS ÊTES ROIS:

vous ressemblez à l'océan
car les bateaux vous obéissent,
allant d'ile en naufrage
et de naufrage en soleil vert.
Vous êtes princes:
vous ressemblez à la montagne
car les étoiles
vous demandent conseil:
où doivent-elles
dormir à l'abri des vautours
et vivre une vie d'altitude?
Vous êtes artisans:
vous ressemblez au plomb qui coule
car les objets, la pelle et l'armoire boiteuse,
aiment venir entre vos doigts
pour leurs caresses,
pour leur musique.
Vous êtes ouvriers:
vous ressemblez au doute et au silence,
lorsque vous ressoudez l'espoir comme une roue
et remettez un bastingage neuf
au proverbe amiral.

YOU ARE KINGS:

you resemble the ocean
for ships obey you,
going from island to shipwreck
and from shipwreck to verdant sun.
You are princes:
you resemble the mountain
for the stars
ask your counsel:
where must they
sleep sheltered from vultures
to live a life in the heights?
You are artisans:
you resemble lead which flows
for the objects, the spade and the rickety case,
like to come through your fingers
for caresses,
for music.
You are workmen:
you resemble doubt and silence,
when you resolder hope as a wheel
and reset a new bulwark
on the admiral proverb.

LE PLUS BEAU PAYSAGE EST EN NOUS:

troisième coeur à gauche,
près du cheval pensant
et du cyprès qui pose un point noir sur notre âme.
La mémoire a soudain des fontaines
pour abreuver nos astres inconnus.
Nous ne prétendons pas caresser l'infini.
Nous assistons
au mystère: la marche au blé,
la symphonie de l'océan,
la noce des vautours nubiles.
Par aptitude au plus calme bonheur,
et sans savoir à qui,
nous rendons chaque jour hommage.

THE MOST BEAUTIFUL LANDSCAPE IS WITHIN US:

third heart to the left,
near the thinking horse
and the cypress marking a black spot on our soul.
The memory has sudden fountains
to quench our unknown stars.
We do not claim to caress the infinite.
We participate
in the mystery: the ripple of the wheat,
the smphony of the ocean,
the wedding of nubile vultures.
Disposed to the calmest happiness,
and not knowing to whom,
we render daily homage.

NOUS ALLONS À LA MER NOUS LAVER DE NOS DOUTES.

Filles du cygne.
Fils de la flamme.
Les cristaux sont magiques,
et les peaux de serpents favorables, dit-on.
Un langage inconnu
qui se passe de mots.
Quelque pressoir, mais serait-il pour l'âme?
Quelque corbeille avec des fruits humains?
On nous appelle des scigneurs.
A qui offrir en récompense
nos mémoires trop pleines,
nos coeurs trop vides?

WE GO TO THE SEA TO WASH OUR DOUBTS.

Daughters of the swan.
Sons of the flame.
The crystals are magic,
and skins of serpents are favorable, they say.
An unknown language
that dispenses with words.
A wine-press, but would it be for the soul?
A basket with human fruit?
They call us lords.
To whom can be gratefully offered
our memories too full,
our hearts too empty?

LE PAYSAGE S'EST DONNÉ À NOUS.

Le fleuve dort en attendant une caresse.
Parmi les hommes
tout devient simple
comme vigne au soleil,
comme oiseau dans le fruit.
L'âme couve, on dirait, un poème,
et sur chaque regard s'ouvre un lent tournesol.
Une matière se voudrait esprit,
et l'esprit pèse trois agneaux.
Pour nous l'insecte risque une parole.

THE LANDSCAPE GAVE ITSELF TO US.

The river sleeps while waiting for a caress.
Amongst men
all becomes simple
as a vine in the sun,
as a bird in the fruit.
The soul incubates, one would say, a poem,
and at each glance, a slow sunflower opens.
A matter would want to be spirit,
and spirit weighs three lambs.
For us the insect risks a word.

LE COQ S'APPRÊTE À DÉCHIRER LA NUIT.

Déjà le prêtre a choisi la couleuvre
qui ensorcellera l'aurore.
Au peuple on distribue des crânes,
puis on poignarde les pastèques.
L'horizon nous salue;
le fleuve a le droit de durer.
Nos rites,
quelques-uns tranparents,
quelques-uns plus opaques,
embelliront
notre réel qui saigne.

THE ROOSTER PREPARES TO TEAR THE NIGHT.

The priest has already decided which viper
will bewitch the dawn.
To the people we distribute skulls,
then we stab the watermelons.
The horizon greets us;
the river has the right to endure.
Our rites,
some transparent,
some more opaque,
will embellish
our bleeding reality.

LES PLATANES COURAIENT NOUS EMBRASSER.

La colline était chaude
comme un genou sous nos genoux.
Nous prêtions aux cascades
quelques miroirs et quelques yeux profonds.
Sur la plaine parfois un cheval malheureux
nous tendait sa crinière.
Des dieux passaient dans nos silences.
Une pierre, on eût dit,
voulait prononcer quelques mots.
Nous étions la parfaite mesure.

THE PLANE TREES WERE RUNNING TO KISS US.

The hill was warm
as a knee beneath our knees.
To the cascades we were lending
a few mirrors and a few deep eyes.
On the plain, sometimes a hapless horse
offered us his mane.
Some gods passed in our silences.
One would have said a stone
wished to pronounce a few words.
We were the perfect fit.

CES SOUPIRS QUI S'EN VONT COMME DES JUMENTS VEUVES.

Cette étoile tombée. Cet oeil sous la colline.
Cette avenue qui court au-devant de l'espoir.
Cette musique née dans la douce démence.
Cet obélisque ouvert sur un peuple d'oiseaux.
Ce mot qui cherche: est-ce une langue? est-ce un
      proverbe?
Ce navire en partance avant d'être bâti.
Ce grand objet tirant la nuit comme une chèvre.
Nous ne prétendons pas comprendre, mais aimer.

THESE SIGHS THAT RUN OFF LIKE WIDOWED MARES.

This fallen star. This eye beneath the hill.
This avenue that runs to meet hope.
This music born in sweet folly.
This obelisk opened on a flock of birds.
This searching word: is it a language? is it a proverb?
This ship about to sail before being built.
This huge object hauling the night like a goat.
We do not claim to fathom, but to love.

UNE COMÈTE NOUS DEMANDE:

"Dois-je courir l'espace,
ou m'installer sur votre toit
en léchant mes blessures?"
Nous l'hébergeons,
partageant nos amours,
notre rosée, notre lait pâle.
Plus tard, nous lui disons: "Comète,
fais ton travail,
et porte à d'autres mondes
ton rêve, ta folie."
A son retour, elle saura qu'enfin adultes,
nous sommes aujourd'hui capables
de peser l'infini.

A COMET ASKS US:

"Must I run through space
or settle on your roof
to lick my wounds?"
We offer her shelter,
sharing our lives,
our dew, our pale milk.
Later on, we tell her: "Comet,
perform your work,
and bring to other worlds
your dream, your folly."
Upon returning, she will know that adults at last,
we are today able
to weigh the infinite.

RUISSEAU POUR UNE BOUCHE.

Hirondelle très loin pour un regard d'enfant.
Tous ces objets qui font plaisir
aux genoux silencieux.
Une mémoire pour la chaise
qui ne sait pas où elle est née.
Une âme pour la fleur dormante.
Quelques soupirs pour le couteau.
dans son travail cruel.
Une syllabe
pour donner au caillou anonyme un prénom.
Nous vivons pour l'échange.

STREAM FOR A MOUTH.

Swallow quite far for the gaze of a child.
All these objects which give pleasure
to the silent lap.
A memory for the chair
that knows not her birthplace.
A soul for the sleeping flower.
A few sighs for the knife,
in its cruel work.
A syllable
for the anonymous pebble's given name.
We live for exchange.

UN PALMIER RICHE

comme un joueur d'échecs après trois jours
en compagnie de tant de rois, de tant de reines.
Un pont-levis entre deux phrases
plus brutales qu'un fleuve
à la fonte des neiges:
c'est pour dire la mort,
c'est pour dire la vie.
Un soleil qui se couche trop tard
et se lève trop tôt,
par amour—on ne sait—d'une fraîche colline.
Une cigogne
envoyée par quel vent? par quel dieu?
de rue en rue, de ville en ville,
remplaçant chaque toit
par un livre d'images.
Un navire qui glisse —ô musique feutrée—
d'un monde à l'autre monde
et devient île rouge,
et devient île folle.
Nous avons transformé l'évidence en mystère.

A PALM TREE AS RICH

as a chess player after three days'
association with so many kings, so many queens.
A drawbridge between two sentences
more brutal than a torrent
when the snows thaw:
that is to say death,
that is to say life.
A sun that sets too late
and rises too soon,
for the love—who knows—of a cool hill.
A swan
sent by which wind? by which god?
from road to road, from town to town,
supplanting each roof
with a book of symbols.
A ship that glides—oh muffled music—
from one world to another
and becomes a red isle,
and becomes a crazed isle.
We have transformed evidence into mystery.

VOUS NOUS DEVEZ

le pain, la femme
et le muscat de bronze.
Dans votre offrande, oubliez-vous
la lèvre qui de tout droit nous revient,
et l'azur qu'il vous faut abattre
comme un oiseau de proie?
Nous sommes les seuls maîtres
de vos maisons, de vos ivoires,
de vos coeurs qui sans nous ne seraient pas peuplés.
Soyez obéissants
comme ce lac sous les brimades de son fleuve.
Vous nous devez le mot nouveau,
l'aurore vierge et la chair douce.
Notre orgueil est un cèdre au milieu des avoines.

YOU OWE US

the bread, the woman
and the bronze grape.
In your offering, do you forget
the lip that we rightfully deserve,
and the azure that one must crush
like a bird of prey?
We are the only masters
of your homes, of your ivories,
of your hearts that would not be peopled without us.
Be obedient
like this lake beneath the hazing of its current.
You owe us the new word,
the virgin dawn and the sweet flesh.
Our pride is a cedar amid oats.

106

NOTRE PERMIS DE NAÎTRE,

à qui le demander?
Platane, permets-nous
de devenir un peu de chair
entre tes branches,
à l'ombre de ta majesté.
Notre permis de vivre,
donne-le-nous, platane:
nous grandirons sous ton écorce,
nous aurons tes racines,
et selon ton exemple
nous pourrons caresser l'azur.
Tu nous rédigeras demain, platane,
nos permis de mourir?
Nous porterions ton ombre
au lieu où chaque chose est ombre;
et ton image
au lieu où chaque chose est sans image:
nous t'y ferions honneur.

OUR LICENSE TO BE BORN,

from whom should we seek it?
Plane tree, allow us
to become a bit of flesh
among your branches,
in the shade of your majesty.
Our license to live,
give it to us, plane tree:
we will grow beneath your bark,
we will have your roots,
and following your lead,
power to caress the azure.
Tomorrow, plane tree, will you draw up
our license to die?
We would bear your shadow
to the realm where all is shadow;
and your image
to the realm where nothing has image:
we would honor you there.